¡Donde vivo yo!

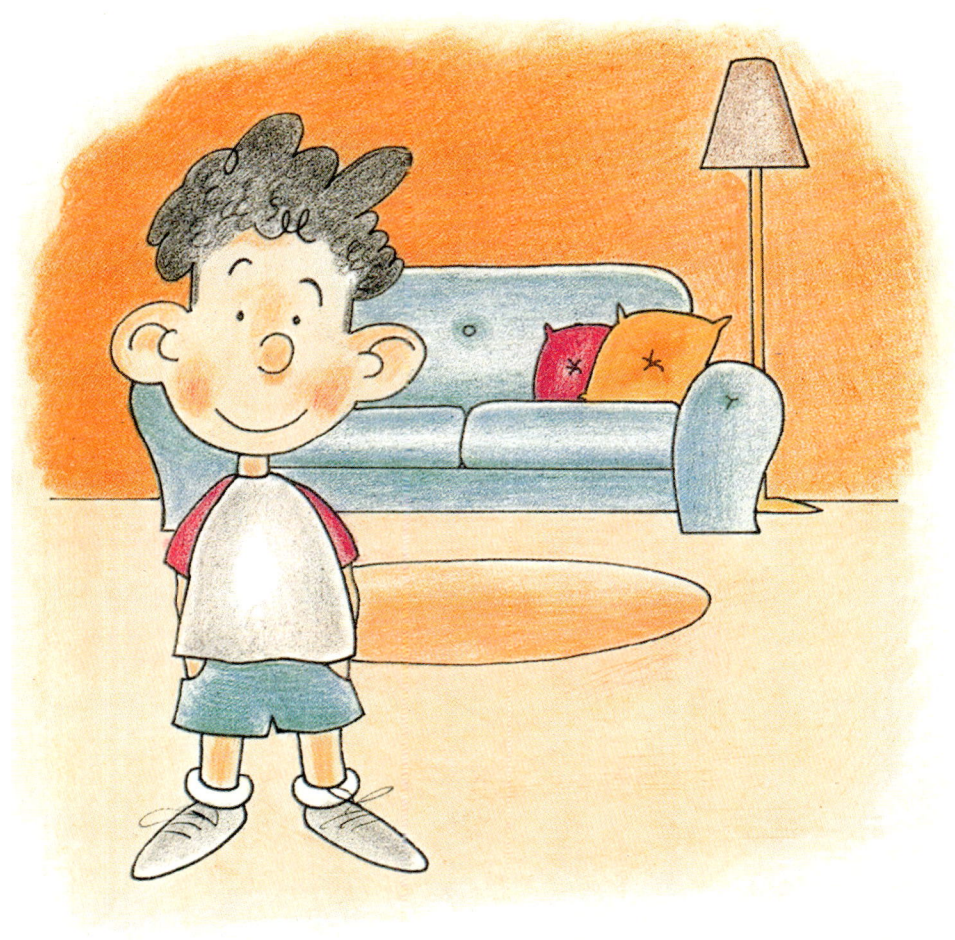

Donde vivo yo,
hay una sala.

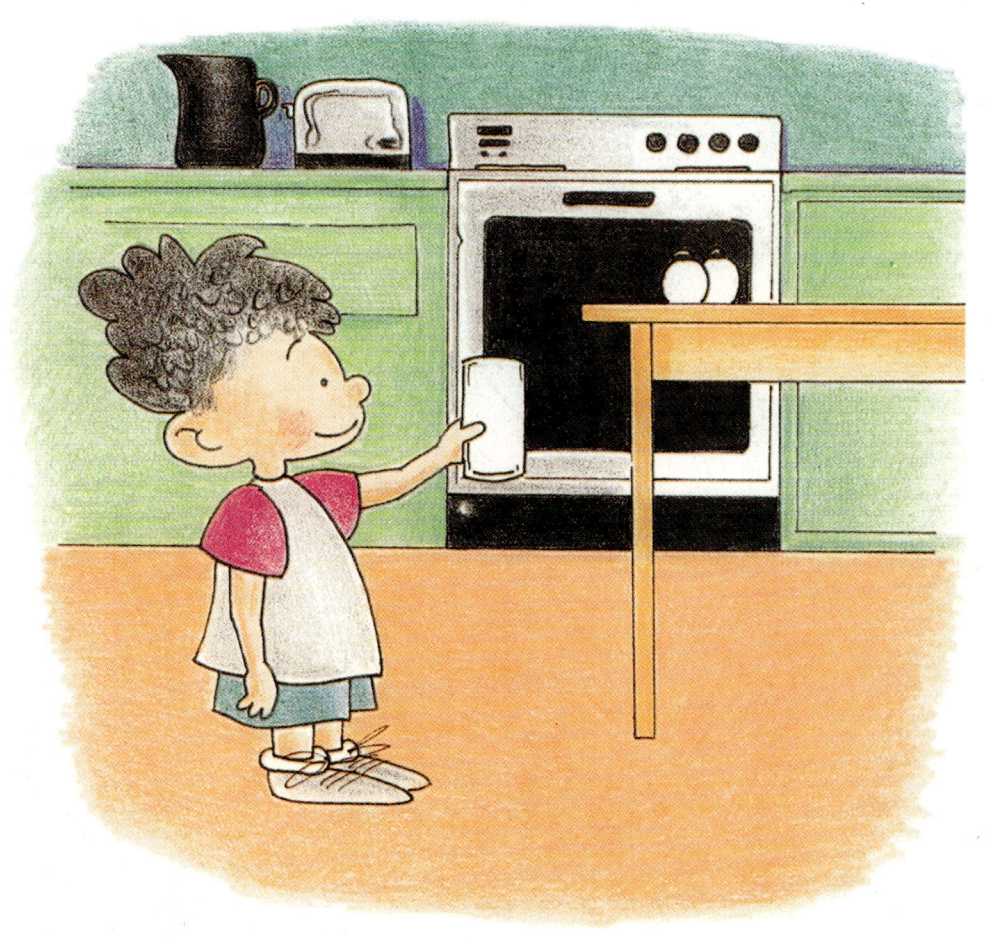

Donde vivo yo,
hay una cocina.

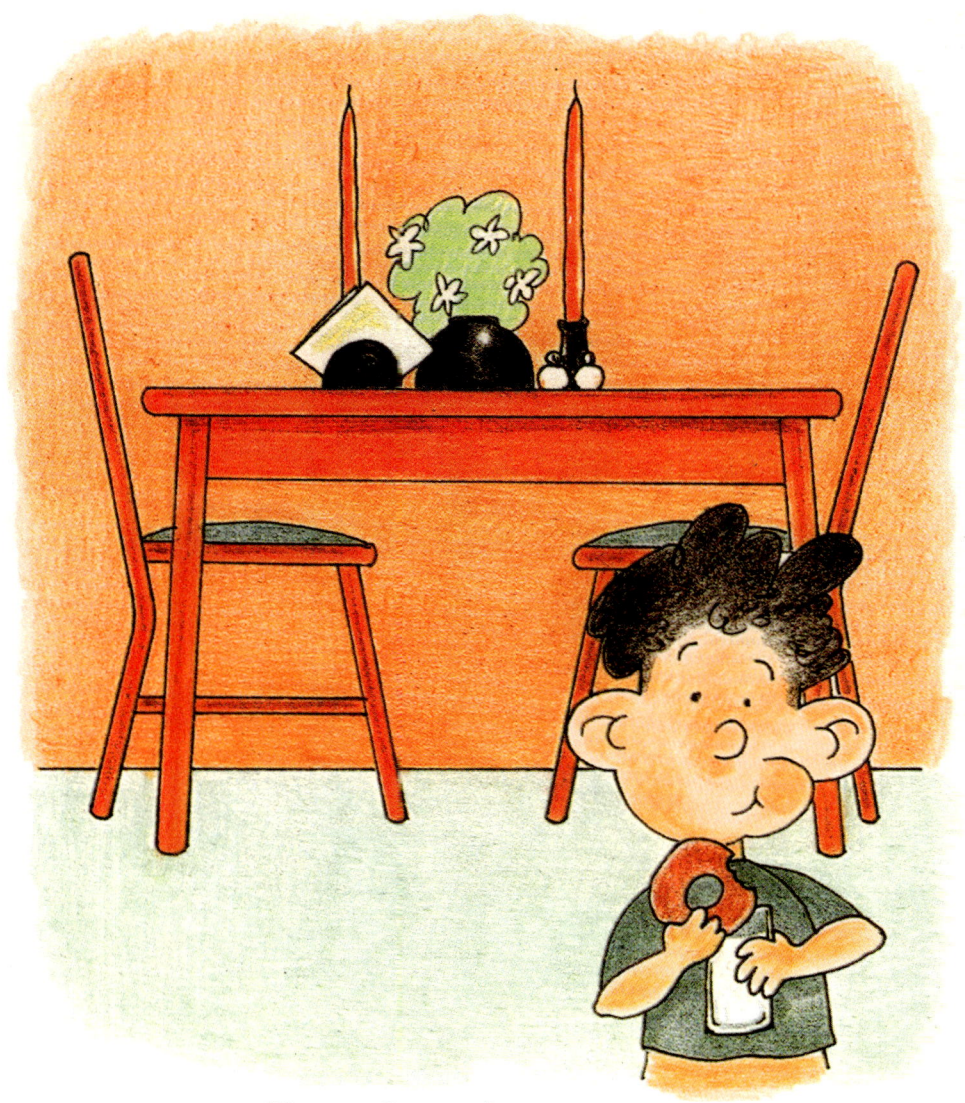

Donde vivo yo,
hay un comedor.

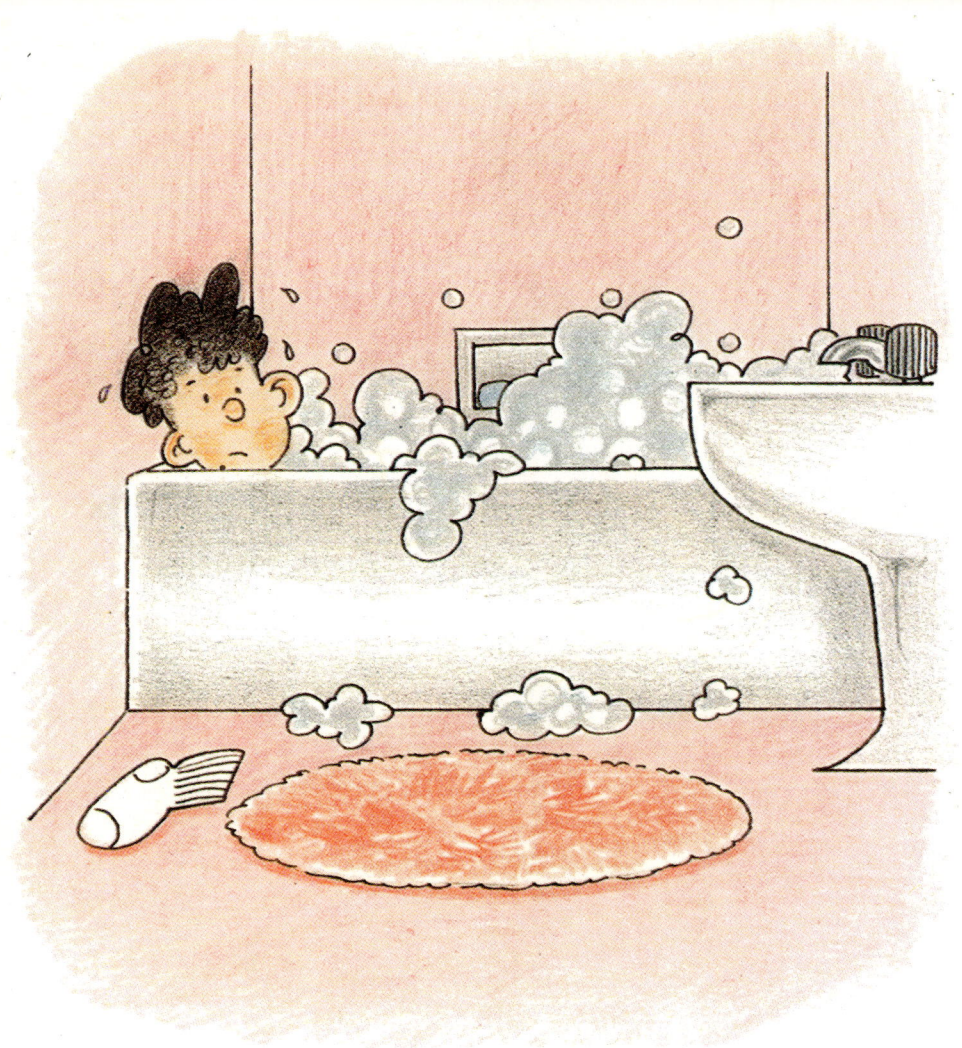

Donde vivo yo,
hay un baño.

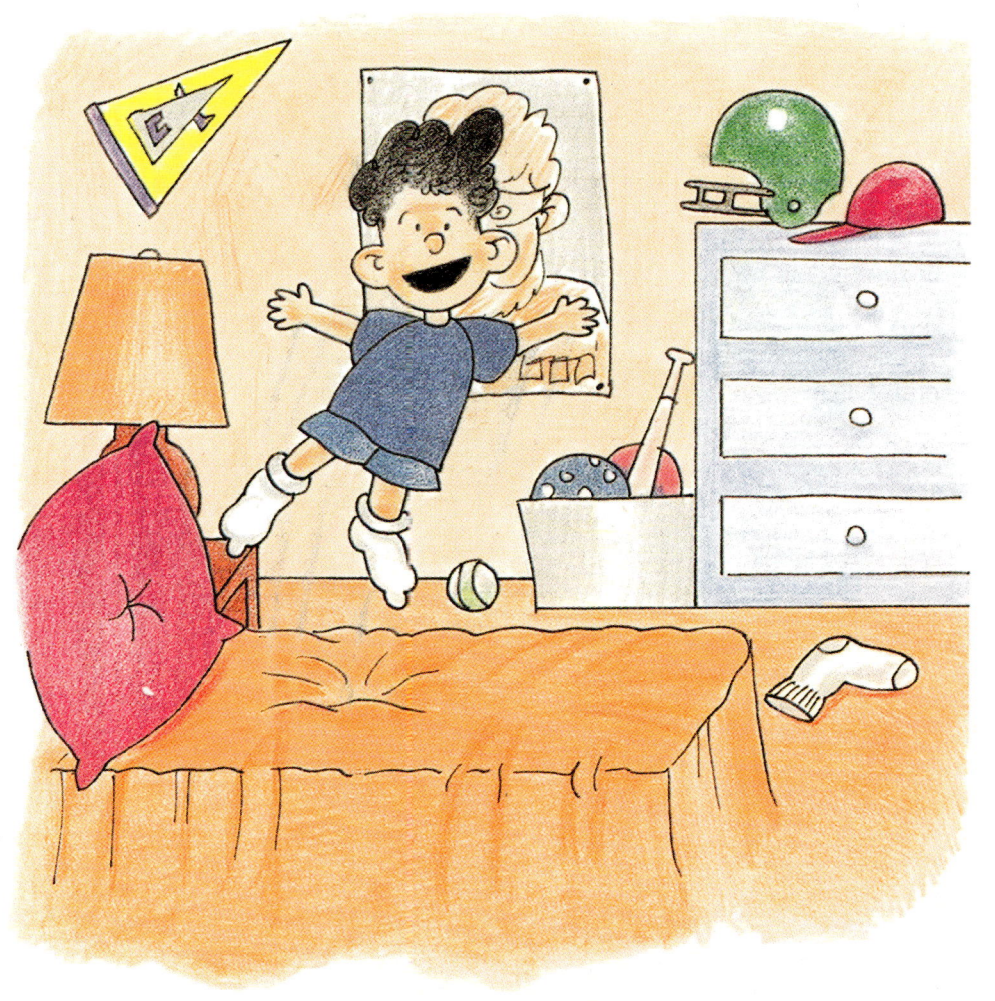

Donde vivo yo,
hay una recámara.

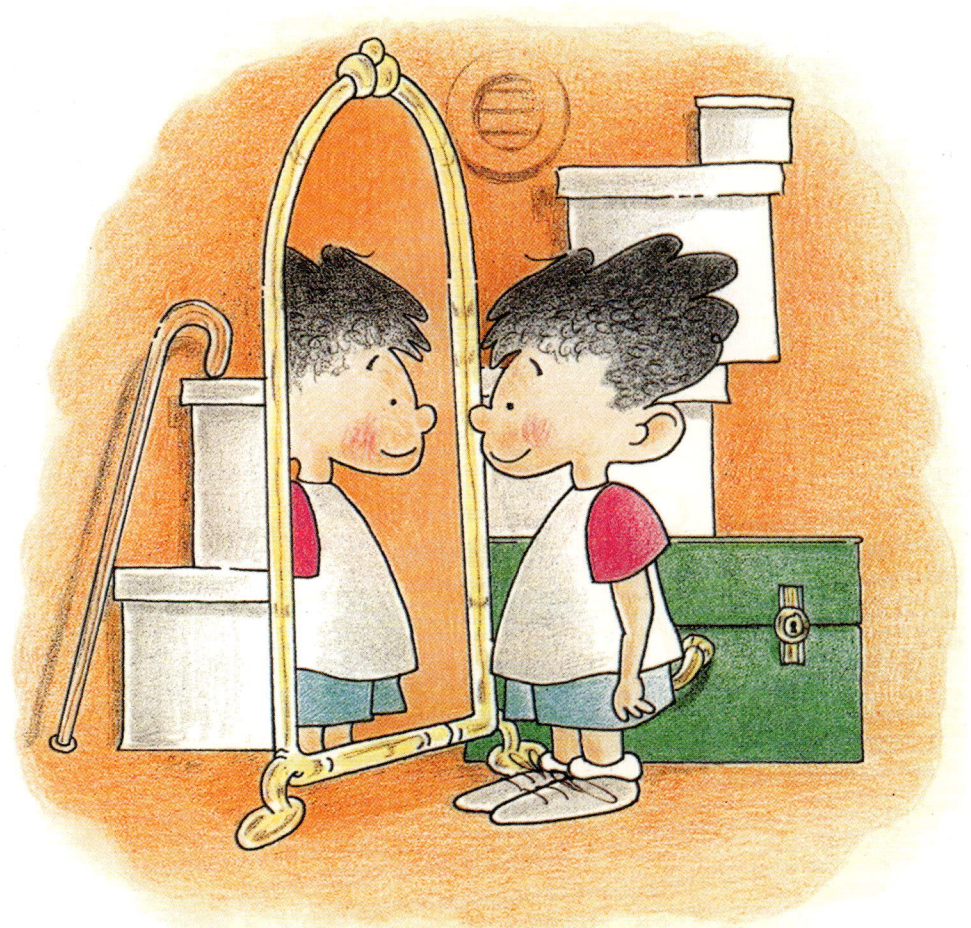

Donde vivo yo,
hay una azotea.

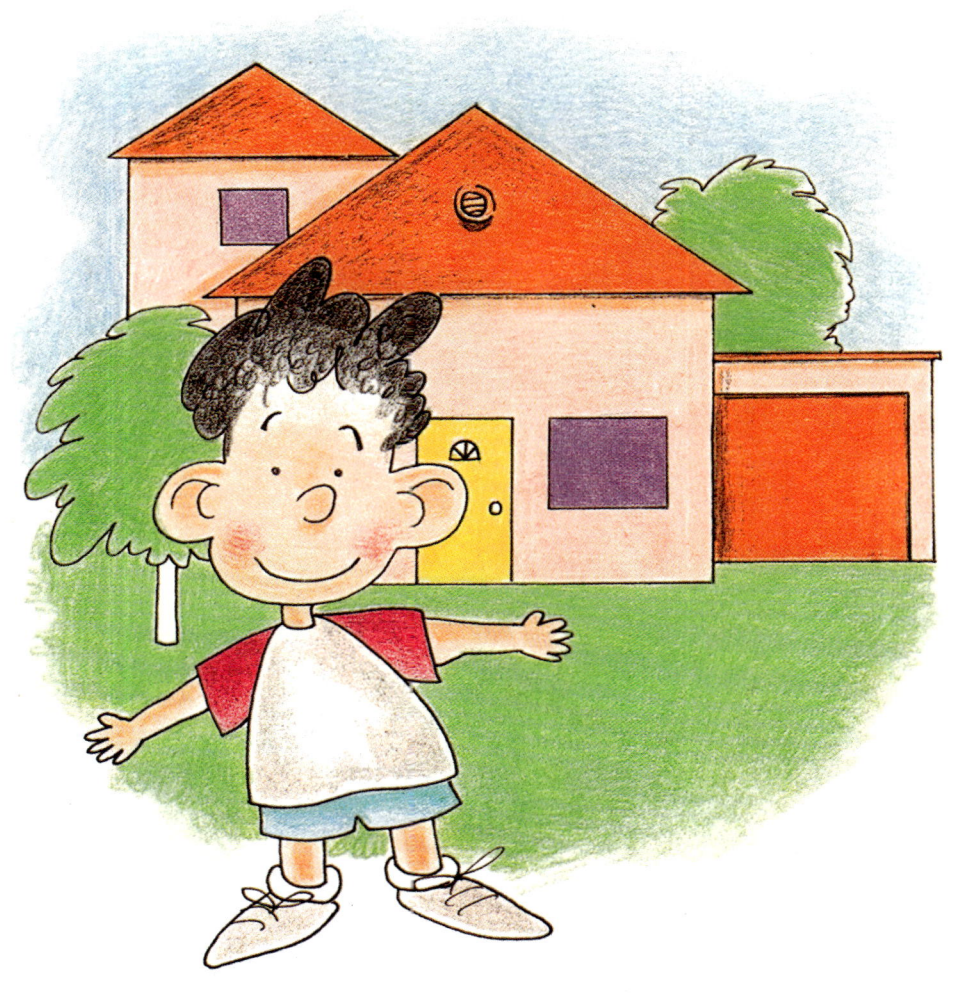

Esta es mi casa.
¡Aquí vivo yo!